编委会成员:

尹　欢　张　昆　龚代建　卓　亮　敖菽尧

川小戒课堂：

毒品预防教育

第一辑（上）

四川省戒毒管理局　主编

四川大学出版社

SICHUAN UNIVERSITY PRESS

图书在版编目（CIP）数据

川小戒课堂：毒品预防教育 / 四川省戒毒管理局主编 . — 成都：四川大学出版社，2024. 6. — ISBN 978-7-5690-6973-0

Ⅰ . C913.8-49

中国国家版本馆 CIP 数据核字第 20246F08Q3 号

书　　名：川小戒课堂：毒品预防教育
　　　　　Chuan Xiaojie Ketang: Dupin Yufang Jiaoyu
主　　编：四川省戒毒管理局

选题策划：蒋姗姗　袁霁野
责任编辑：蒋姗姗
责任校对：袁霁野
装帧设计：墨创文化
责任印制：王　炜

出版发行：四川大学出版社有限责任公司
　　　　　地址：成都市一环路南一段 24 号（610065）
　　　　　电话：（028）85408311（发行部）、85400276（总编室）
　　　　　电子邮箱：scupress@vip.163.com
　　　　　网址：https://press.scu.edu.cn
印前制作：成都墨之创文化传播有限公司
印刷装订：四川华龙印务有限公司

成品尺寸：148mm×210mm
印　　张：5.75
字　　数：83 千字

版　　次：2024 年 6 月 第 1 版
印　　次：2024 年 6 月 第 1 次印刷
定　　价：32.00 元（全 2 册）

扫码获取数字资源

四川大学出版社
微信公众号

前 言

禁毒工作事关国家安危、民族兴衰、人民福祉，厉行禁毒是党和政府的一贯主张和立场。党的十八大以来，以习近平同志为核心的党中央高度重视禁毒工作，习近平总书记多次发表重要讲话、作出重要指示，强调"要坚持关口前移、预防为先，重点针对青少年等群体，深入开展毒品预防宣传教育，在全社会形成自觉抵制毒品的浓厚氛围""走中国特色的毒品问题治理之路，坚决打赢新时代禁毒人民战争"。

全国禁毒工作电视电话会议强调，要突出青少年群体，用好全国青少年毒品预防教育数字化平台，深化在校学生"五个一"禁毒专题教育，提升青少年毒品认知和防范能力。司法部戒毒管理局指出，进一步加强涉麻精药品等成瘾性物质滥用危害和依法治理宣传力度，面向青少年针对性开展涉麻精药品等成瘾性物质滥用危害警示教育。

青年兴则国家兴，青年强则国家强。为帮助广大青少年更好学习禁毒戒毒知识，切实增强识毒、防毒、拒毒意识，四川司法行政戒毒系统精心策划，推出《川小戒课堂：毒品预防教育》系列连载漫画丛书。

丛书的每个故事均来自现实生活，既有真实戒治案例，又有毒品知识科普，集中揭露毒品危害。为更加直观地科普禁毒知识，我们以"川小戒温馨提示"的形式，在每个故事末尾，阐明青少年涉麻精药品等成瘾性物质滥用预防要点，推动"健康人生、绿色无毒"理念深入人心。创作过程中，编者融入"大熊猫""双子塔"等多种四川元素，进一步增强故事的文艺性和可读性，力争为广大青少年带来一堂生动的毒品预防教育课。

因编者水平有限，书中难免有疏漏之处，恳请广大读者批评指正。

编 者

2024年6月

目录

花坛里有枝"虞美人"

这天清晨，
川小戒上班途中，
手机响起。

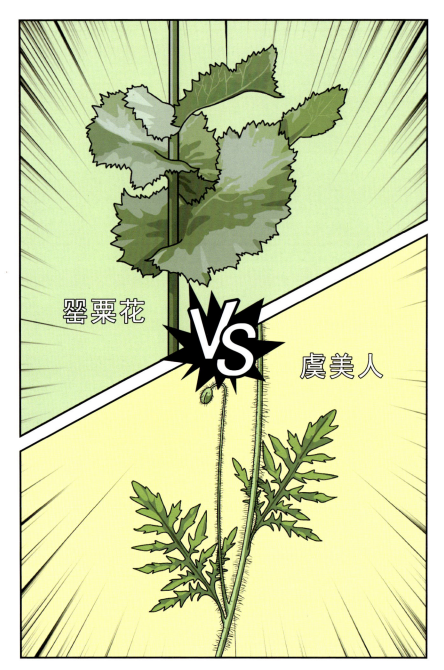

嗯，这花茎是有点光滑……

虞美人的花朵较小且都是单瓣，罂粟花的花朵较大且都是重瓣，边缘会裂开。

川小戒闻言一笑，边说边从包里拿出
装在密封袋里的罂粟果实仿真样品，展示给小亮。

其实差别最大的是果实。虞美人果实比较小，上面长有绒毛。罂粟的果实比较大，外表比较光滑。

这么一看，差别更加明显了呢！

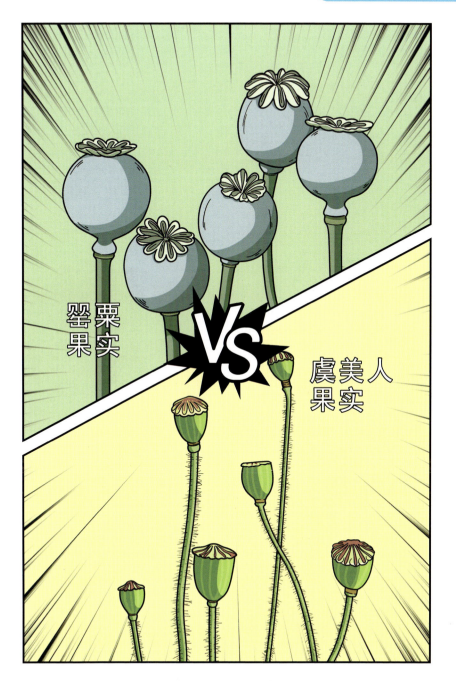

积极举报的，公安机关则会给予相应的举报奖励。

罂粟花看似美丽，但结出的果实却害人无数。我们调查发现，不少戒毒人员就是出于好奇，尝试吸食了第一口毒品，结果追悔莫及。

川小戒对小亮进行口头表扬后，两人互相道别。

会说话的"熊猫警察"

今天是萌萌的8岁生日。
由于父母离异，
母亲李某也因为吸毒成瘾被决定强制隔离戒毒，
所以萌萌一直跟着外婆生活。

不用谢！它不但可爱，还会说话，不信你试试看！

戒毒所内，
川小戒拿出自己录制的萌萌的视频，
向李某展示。

萌萌很想你！希望你早日戒除毒瘾，重获健康人生，出所后给女儿一个幸福的童年。

神奇的"气球"

瑶瑶是留守儿童，
父母常年在外地打工，
但瑶瑶从小就展现出了过人的舞蹈天赋，
她有一个远大的理想。

瑶瑶升入职高，交了一个好朋友小美。
某日，两人因为一个小小的误会闹了矛盾。

小美，你听我解释，你别走！

瑶瑶很沮丧。同学小贝见状邀请她到KTV玩，并且递给她一个气球，表示这是个好东西。

小美不跟你玩，还有我们呢。你把气球放嘴里吸上一口，心情马上就能好起来！

拗不过小贝的热情，
瑶瑶将气球放到嘴里，
轻轻吸了一口，脸上露出诡异的笑容，
看起来心情一下子"变好"了。

放心，平时我们吃的奶油蛋糕，就是用这个笑气来发泡的，对身体没有任何伤害。

瑶瑶后来又吸了几次笑气，越来越上瘾。
自此，她每天都得吸笑气，不然浑身就难受。
更可怕的是，她发现身体开始不受控制，舞蹈梦离自己越来越远。

瑶瑶开始自暴自弃。
为了追求更大的"快乐"，她吸食起大麻和海洛因。
很快，她因为吸毒成瘾被决定强制隔离戒毒，
直到此时，她才追悔莫及。

川小戒鼓励瑶瑶，
要积极接受教育戒治。

你未来的路还很长，只要坚定信心，积极参与戒治，一定能早日戒除毒瘾，重新回归正常生活。

"最好的朋友"

阿凯从小跟着奶奶生活，
父母疏于管教，导致他认识了不少社会闲散人员，
15岁时，阿凯因厌学辍学在家。

因为和父亲发生了争吵，阿凯一气之下离家出走。
出走后，他时常跟"最好的朋友"小帅混迹于各类娱乐场所。

没钱就问家里要啊！反正你爸妈有钱，这点钱算个啥？我这儿还有更刺激的，能让你身心愉悦，晚上带你去开开眼界！

这才是我想要的生活，比读书有趣多了！就是有点费钱啊！

凌晨，阿凯在小帅的哄骗下，来到一处僻静的小屋。小帅取来吸管和塑料瓶，对着吸管大口吸食，引起了阿凯的好奇心。

小帅，你在吸什么？看起来好有"意思"！

阿凯，你先试试看，我再告诉你……

阿凯拿起塑料瓶试着吸了一口，
顿时觉得精神亢奋、心跳加快。

在小帅的哄骗下，阿凯每隔几天就要吸食一次冰毒，
没钱就向家里要，身体渐渐出现一些异样。

咳咳，我这是怎么了？
抵抗力越来越差，特别
容易感冒，不吸的话就
没有精神。

嘿嘿，一定是你熬夜太
多引起的，多休息一下
就好了！

随着毒瘾加深，
阿凯开始出现幻觉、彻夜难眠，变得越发消瘦，
甚至企图自伤自残。

由于吸毒成瘾，阿凯被公安机关决定强制隔离戒毒。
在戒毒所的教育引导和治疗下，
他的状态逐渐好转，
认识到毒品的危害，悔不当初。

最后一面

大潘的妹妹带来了父亲因病去世的噩耗。

丧父之痛像晴天霹雳，让大潘的泪水不由自主地流下来。
经戒毒所研究决定，
批准大潘回家见父亲最后一面。

警车刚在村口停下，
大潘还戴着戒具，就着急地想要下车，
被川小戒叫住。

大潘，你别着急，等一下！

川小戒警官，您还有什么要嘱咐的吗？

在大潘疑惑的眼神中，川小戒拿出一把钥匙。

我给你把戒具解开，我俩穿上便服陪你去，免得村里人对你指指点点。

谢谢你们，让我体面地送完父亲最后一程！

灵堂里，大潘跪在地上，泣不成声。

大潘回戒毒所后，积极接受教育戒治。

以前年轻不懂事，现在真的好后悔。吸毒带给我的教训太惨痛了！

那你一定要继续坚持，彻底戒掉毒瘾，争取早日回归正常生活。

川小戒课堂：毒品预防教育（第一辑）

— 50 —

你好，我们是川小戒
沾染毒瘾，失去自由，会让你追悔莫及。希望子欲养而亲不待的事情不再发生。
执法有温度，法外有温情。戒毒所搭建起的亲情帮教桥梁，帮助戒毒人员早日重获健康人生！
四川戒毒

拒绝尝试"第一口"

小佳从小成绩优异，性格开朗，
深受老师和同学的喜爱。

放学回家，在家门口小佳就闻到一股奇怪的味道。
推开门，她发现父母正在"吞云吐雾"，
表情极为沉醉。

听到小佳询问，
爸爸一边让妈妈将器具收起来藏好，
一边微笑着向她解释。

小佳渐渐迷上了抽"水烟"，她也知道了，这其实就是吸食冰毒，但她只要哪天停止吸食，浑身就难受。

不行，我还要吸一口……

我浑身就像蚂蚁在爬，好痒好痒！太痛苦了！

小佳由于吸毒成瘾，被公安机关决定执行强制隔离戒毒。

小佳，你还年轻，只要下定决心戒除毒瘾，积极戒治，相信你很快就能重新回归正常生活。

你好，我们是川小戒

吸毒一口，落入虎口。父母是孩子的第一任老师，父母的不良影响很容易成为毒品的帮凶，对孩子的身心健康造成伤害。

未成年人对于新鲜事物充满了好奇心，但并不是所有东西都可以去尝试，比如毒品。让我们向毒品说不，拒绝尝试"第一口"。

四川戒毒

可怕的"减肥药"

虹虹是一名大三学生。
某日，好友芮芮的一句调侃，
让她格外在意。

虹虹，你怎么越来越胖了？以前比较瘦，穿衣服特别好看。

啊？真的吗？感觉没什么变化啊？

站在镜子前，
虹虹也觉得自己比以前胖了，感到很焦虑。
为此颇为烦恼的她刷到一个推荐减肥药的视频。

家人们，这款"魔鬼"减肥药，一个月轻松瘦十斤，纯天然成分，对身体没有任何副作用，一盒只要198元。

真的假的？说得我都心动了。

充满诱惑力的宣传话语吸引了虹虹。一时心动，虹虹添加了卖家的微信，购买了其售卖的减肥药品。

AAA魔鬼减肥药

我先买2盒，如果效果好，以后再多买点。

放心吧，效果非常好，赶紧下单吧！

虹虹很快就收到了减肥药。开始服用减肥药后，虹虹确实起到了一定的减肥效果，于是从卖家处复购了好几盒。

我的体重真的减轻了，我要再买8盒！

对对对，多买几盒效果更好，可以向亲朋好友推荐一下！

但虹虹继续服用"魔鬼"减肥药还没多久，就出现了不良反应。

是不是这药有问题？但再吃几盒，我就能瘦到理想体重了。

虹虹赶紧联系卖家，但卖家拒不承认减肥药有问题。

哎呀，头好晕，心跳特别快，我这是怎么了？

我们是纯天然药物，没有任何问题，你是使用过量了吗？

我没有，都是按照说明书服用的……

虹虹又在网上搜索相关信息，发现"四川戒毒"短视频号，曾经做过关于"毒"减肥药的科普。抱着试一试的心态，她在后台私信了川小戒。

川小戒告诉虹虹，这款减肥药含有违禁成分，是名副其实的"毒"减肥药。

上头 "电子烟"

小王是一名货车司机，经常晚上开车，烟瘾很大。
家里人劝他少抽烟，但小王总是戒不掉。

不到两个月时间，
小王抽的电子烟越来越多，
干活挣的钱都花在买电子烟油上了。

小王渐渐觉得这电子烟有问题，
但那时他已经无法控制自己，
精神状态不如从前，脾气和性格也特别反常。

万般无奈之下，小王前往医院做了尿检，
才知道所抽的电子烟含有"依托咪酯"的成分。

在医生的建议下，
小王来到自愿戒毒咨询点。
川小戒警官给出了建议。

经过一段时间的治疗，
小王成功戒掉了毒瘾。

别让等待成为遗憾

清晨，川小戒来到"爱之家"禁毒防艾法律服务工作站，只见有位老人坐在门外角落。

"爱之家"禁毒防艾法律服务工作站

地上这么凉，这位老人怎么坐在角落？我得去问问。

老人家，您有什么事吗？

我孙子苏苏在戒毒所里强戒，今天预约了远程视频探访，我要跟他见面。

川小戒邀请老人进门坐下，
但被老人拒绝，他的话语让人心酸。

设备还在调试，再过一会儿才能开始探访。外面凉，请您进去坐吧！

不用了，我就坐地上挺好。我身上脏，怕把椅子弄脏了。

在川小戒的帮助下，
老人与孙子苏苏通过远程视频探访系统见了面。

老人嘱咐苏苏好好戒毒，
苏苏答应了。

老人表示感谢，川小戒向他介绍了
"爱之家"禁毒防艾法律服务工作站远程视频探访系统。

谢谢你们，帮我圆了梦。我其实早就想去看苏苏，但路途遥远，费用高昂，所以一直没能实现。

不用客气，老人家。自从开通远程视频探访系统后，家属们不用长途跋涉，就能及时了解到戒毒人员在戒毒所的戒治情况。这样既节省了费用，也有利于戒毒人员安心戒治。

在川小戒的帮助下，
苏苏积极参加教育戒治。

苏苏，你的各项评估指标都在变好，继续努力，不要辜负你阿普的期待。

谢谢川小戒警官，我一定继续努力，争取早日出去跟家人团聚！

远离"聪明药"

临近期末，琳琳的成绩有所下滑。
妈妈看在眼里，急在心上。

这可怎么办，快期末考试了，可不能影响成绩。

妈妈，最近学习压力好大，我的注意力很难集中。

吃了"聪明药"，
琳琳的学习效果立竿见影地变好了。

但一段时间后，妈妈发现琳琳在偷偷加量地吃药，
她觉得很奇怪。

琳琳告诉妈妈，
自己不吃药就会情绪低落，坐立不安，甚至睡不着。

妈妈感觉事情不对，赶紧求助川小戒警官，
并听从建议及时将琳琳送医治疗。

你好，我们是川小戒

父母望子成龙的心态可以理解，但万万不可自行给孩子服用含有兴奋剂的药物，应当到正规医院接受诊断、治疗，在医嘱下服药。

非治疗用途的贩卖、走私、运输、制造这些所谓的"聪明药"，均可构成毒品犯罪，从境外购买"聪明药"寄递入境，可构成走私毒品罪，无论数量多少，都会被追究刑事责任。

四川戒毒

编委会成员：

尹　欢　张　昆　龚代建　卓　亮　敖菽尧

川小戒课堂：毒品预防教育

第一辑（下）

四川省戒毒管理局　主编

四川大学出版社
SICHUAN UNIVERSITY PRESS

目 录

"邮票" 不能吃

小刘是一名在校大学生，平时热爱唱歌。

咦，阿森今天更新社交媒体了。

家人们，这是魔幻"邮票"，对身体无害，舔一舔就会带来海量灵感。

阿森

闲暇之余，小刘经常追看偶像阿森在互联网上发布的新动态。

此后，小刘经常吸食"邮票"，
慢慢染上毒瘾，精神越来越萎靡，
身体越来越消瘦。

在妈妈的追问下，
小刘只得告知自己最近在吸食"邮票"。

这种毒品毒性非常大，只需要极少的量就会让人上瘾。如果长期吸食，会诱发精神分裂等症状，甚至产生自残、自尽等极端行为，大家千万别沾染。

随后，小刘在妈妈的陪伴下前往相关机构自愿戒治。

这么恐怖，我再也不碰这个"邮票"了！

"奶茶"别乱喝

小黎多方打听，
找到某款"奶茶"，它宣称含有神秘成分，
能缓解焦虑，让人变得开心。

小黎很快就收到了几袋"茶包"，外观与市面上的奶茶包装非常相似。

这"奶茶"没有生产日期，怎么看起来像"三无"产品？卖家还提醒，每次不能多喝，否则容易产生副作用。

不行，我还是不放心，得找个人试试看。

好的，谢谢啦！

室友小肖正在宿舍里打游戏，小黎递过去一杯泡好的"奶茶"。

小肖，今天"奶茶"买多了，我给你也泡了一杯。

川小戒告诉小黎，
这种"奶茶"是以小型冲泡饮品
为伪装的新型毒品。

这些毒品外形与真正的奶茶粉极度相似，遇水即溶，里面含有冰毒、氯胺酮、摇头丸等成分。

长期服用这种新型毒品，会降低人体免疫系统功能，更严重的还会引起神经系统的中毒反应。这种毒品损害人的大脑、心脏、肾脏等器官，甚至可能致人死亡。

乱喝"奶茶"的后果，居然这么可怕！

太吓人了，我还以为买的是真的新品奶茶，差点害人害己，再也不敢碰了。

得到回复的小黎十分自责，赶快将小肖送往医院，并表示绝不再犯这种错误了。

"开心水" 不开心

聚会地点在一家KTV。
小文开心地唱歌，小李为他鼓掌。

唱得真好听！

这么神奇呀，那我尝尝。

老同学，尝尝这个"开心水"，可以让人非常开心，你一定会喜欢的。

小李递了一杯饮料给小文，极力推荐这款饮料的"好处"，小文听完举杯一饮而尽。

后来，小文得知"开心水"就是毒品，
但他已经染上毒瘾了。
为了吸毒，小文也不上班了，
身体变得越来越差。

在自愿戒毒咨询点，
川小戒接待了小文和妈妈。

你好，我们是川小戒

从成分上来说，"开心水"是由甲基苯丙胺、苯丙胺以及盐酸氯胺酮构成。无色、无味的液体特性可能使更多人在无意中成为毒品吸食者，给家庭和社会带来巨大伤害。

请大家高度警惕"开心水"，并且牢记：毒品带来的快乐是假的，要人命是真的！

四川戒毒

莫让"彩虹"迷了眼

深夜看球，小刚有些疲惫。
大刘主动递来一支香烟。

小刚接过"彩虹烟"，
迫不及待点燃，吐出彩色烟雾。

那是当然，你要是喜欢，我可以匀你一些。

哇，"彩虹烟"也太好抽了，提神醒脑，香气十足。

小刚觉得"彩虹烟"抽起来特别有范儿，立即在大刘那买了几盒。

连续抽了几包烟后，小刚感觉身体不适，
他怀疑"彩虹烟"是毒品，
但他觉得抽这种烟很有面子，心存侥幸。

川小戒警官正好遇见小刚在抽"彩虹烟",立刻阻止了他。

"彩虹烟"是用小树枝、香料掺杂的混合毒品(即合成大麻素),具有较强的兴奋、致幻效果,会令吸食者出现头晕、恶心、气短、胸痛等症状,其危害丝毫不亚于海洛因、冰毒等毒品。

难怪我最近感觉不舒服,以后再也不吸"彩虹烟"了!

创意"果冻"竟是毒品伪装

乐乐是一名中学生，
喜欢吃零食。

爸爸在网上搜索创意"果冻"，发现其价格惊人。

这款创意"果冻"太贵了，一盒要200元呢。

听说用的是进口原料，可好吃了，您就买一盒吧。

哎呀，您不懂，现在的零食价位都这样。

拗不过乐乐的请求，爸爸还是买了一盒。

这"果冻"也没什么稀奇的，怎么卖得那么贵？

乐乐开心地吃掉"果冻"，
感觉精神很亢奋。
直到深夜，乐乐都不想睡。

爸爸始终觉得这种"果冻"很奇怪，
想起乐乐吃完后的状态，不禁有所怀疑。

爸爸赶紧上网查询，
发现许多关于毒品"果冻"的报道。

爸爸想了想，还是不放心，
赶紧联系川小戒警官，请她帮忙辨认。

这是毒品"果冻"，被做成不同的颜色和标记，用来区分口味和成分。其主要成分有芬纳西泮、四氢大麻酚、冰毒等，过量服用会产生幻觉、失忆、嗜睡以及认知障碍，情况严重可致人死亡。

这些毒贩太可恶了，一定要将他们绳之以法。

你好，我们是川小戒

毒品"果冻"的包装与正常零食无异，大小和形状都基本相同，完全能以假乱真，极易让人在不知情时误食误用。

广大青少年要注意，不法分子在引诱你们食用含有毒品的零食时，会宣称"这不是毒品，不会成瘾，不会伤害身体"，大家可千万不要上当啊！

四川戒毒

这条重逢路，她走了13年

"6·26"国际禁毒日，
戒毒所里正在进行亲情帮教活动。
戒毒人员小肖对此表现得格外激动。

今年27岁的小肖，
在14岁时与母亲因误会发生激烈争吵，愤而离家出走。
已多年未跟家里联系的她，在戒毒所中渴望亲人的关怀。

川小戒警官，你们能帮我找妈妈吗？我们已经13年没有联系过了，我很想跟她说声对不起！

你还记得关于母亲的哪些信息？我们去帮你寻找。

由于时间久远，
小肖只记得母亲的姓名和模糊的家庭地址。
因此，寻亲工作遇到了瓶颈。

功夫不负有心人，经多方打听，
川小戒终于找到小肖的母亲。

自从女儿离家出走以后，我从来没有放弃过寻找，登报、上寻亲栏目，各种方式都试了。13年了，我总算找到她了，真的太感谢你们了！

她这些年吃了不少苦，希望你多鼓励她，帮她坚定戒治信心。

寻亲成功后，小肖也有了重生的希望，
更加积极地配合戒毒所开展教育戒治，顺利通过评估，
重新回归社会，与母亲团聚。

你好，我们是川小戒

戒毒所积极开展教育戒治工作，构建亲情帮教桥梁，帮助戒毒人员重构社会支持系统。

13年重逢路的背后，是毒品对戒毒人员价值观的扭曲，让他们对亲情变得淡漠，需要我们用真心去为他们重置人生坐标。

四川戒毒

被毒品侵蚀的青春

三个月后，妈妈病情加重，医治无效死亡。
吉吉送走了妈妈，悲痛万分。

因为母亲去世，
刚满16岁的吉吉辍学了，
与邻居松姐一起，每天晚上去酒吧打工。

吉吉服用"药品"后，
气色变得很好，人也充满了干劲。

这个"药品"真是神奇，我连续上了好几天班都不打瞌睡，想再买点备用。

没问题，待会儿就给你送去。

当吉吉意识到自己吃的"药"是毒品时，她已经成瘾了。
恍惚间，妈妈临终前的话语萦绕在她耳边。

吉吉拿出手机，拨打了报警电话。

花季少女的救赎

小林是农村留守儿童，
爸妈离家在外，忙于打工，疏于对她的管教。

好想快点长大，就可以离开这里，过上梦想中的生活。

青春期的时候，小林结识了一些社会闲散人员，在他们诱惑下，误食了第一口冰毒。

头好晕，感觉我已经飞起来了……哪里来的怪物，在追我？

由于吸毒成瘾，
小林被公安机关决定强制隔离戒毒。
小林在戒毒所里情绪极为低落，戒治主动性不高。

为了帮助小林，
川小戒拨通了小林家人的电话。

不久后，小林在会见室见到了爸妈。
隔着玻璃，三人都忍不住流泪。

小林的情绪得到好转，
不仅认真戒治，还主动在禁毒教育活动上"现身说法"。

戒除毒瘾，离开戒毒所后，
小林成为一名"情有毒终"禁毒防艾行动的志愿者。

你好，我们是川小戒

亲情的缺失、父母的缺位，是很多留守儿童滑向毒品深渊的"加速器"。由此造成的伤害，往往需要用一生去救赎。

探访是戒毒人员直系亲属、所在单位或就读学校的工作人员，到戒毒所探望戒毒人员的一种亲情帮教措施，对于戒毒人员坚定戒治信心、巩固戒治成效有着重要作用。

他曾梦想翱翔蓝天

在戒毒所，小全又做梦了。
在梦里，他自由自在，驾驶飞机翱翔蓝天。

各位旅客，我是本次航班机长，我们的飞机已经到达巡航高度……米，飞行速度……公里/小时，预计在……（时间）到达……（目的地）。如果您需要提供帮助，请告诉我们的客舱乘务员，祝各位旅途愉快，谢谢！

小全曾是民航飞行员，
因吸毒成瘾被公安机关决定强制隔离戒毒两年，
每次梦醒时分，他都忍不住落泪。

呜呜呜，我怎么变成这样了啊？要是当初没有碰毒品该有多好，真的好想重新驾驶飞机，变成原来的我。

刚进戒毒所时，
小全自暴自弃，甚至拒绝吃东西。

让我饿死吧，所有人都在嘲笑我。我就是个废物！废物是不配吃东西的。

川小戒走上前，轻拍小全的肩膀，安慰他，鼓励他振作起来。

警官，谢谢您，我真的还有未来吗？

小全，没有人嘲笑你，你只是误入歧途。别泄气，我们会帮助你的。

在川小戒的帮助下，
小全逐渐找回自信，
还培养了绘画的爱好。

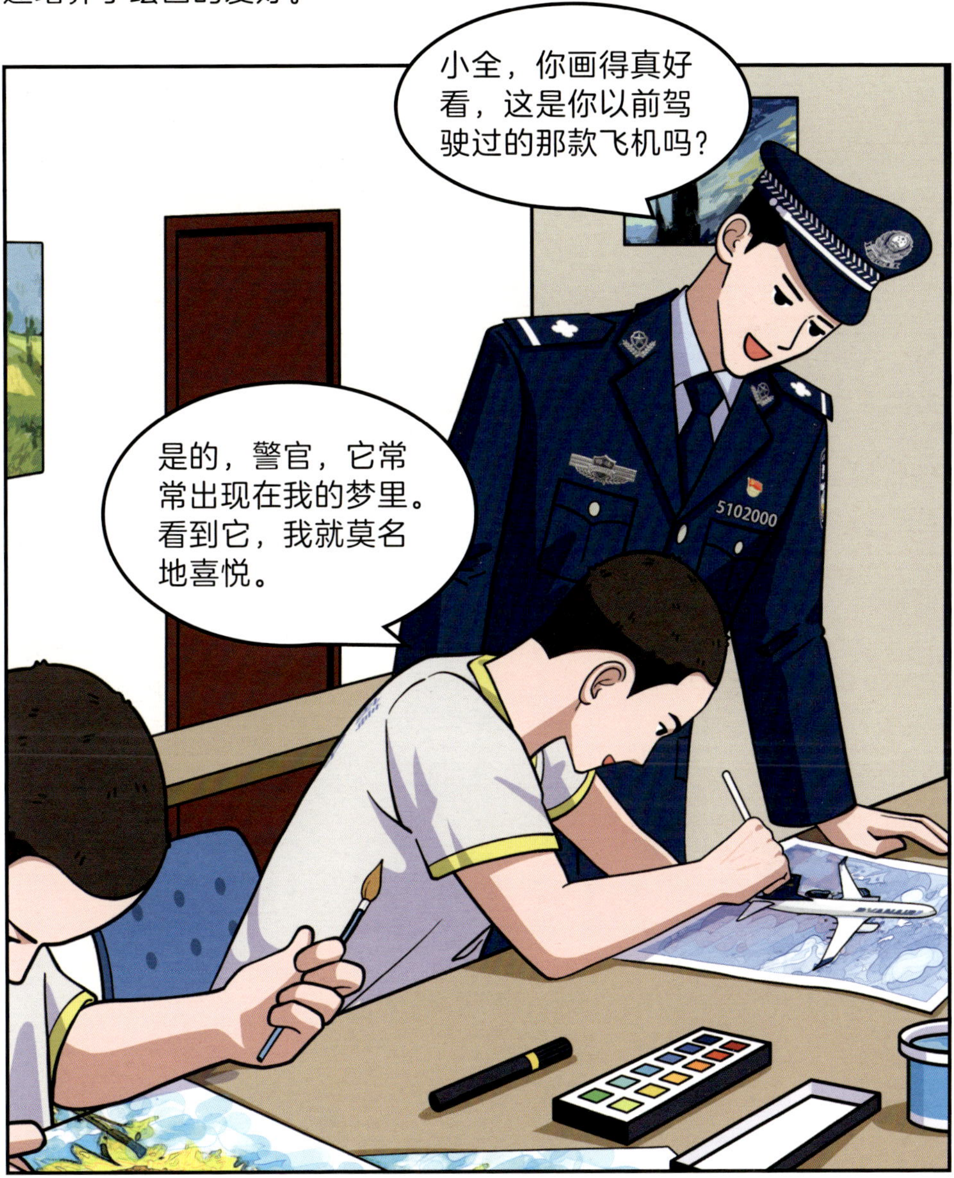

课桌前，
小全一边写家书，一边露出如释重负的微笑。

爸、妈，我在戒毒所里挺好的，警官也很关心我，你们不必担心。最近胃口特别好，我都长胖了。这是新画的画，怎么样？有进步吧？我很快就能出去了，真的好想你们。

操场上，
川小戒与小全聊天，询问他出去后的打算。
小全决心换种生活方式，重拾自己的梦想。

警官，我肯定不能开飞机了，但以后还是想从事跟蓝天相关的工作，继续圆梦。

小全，你过几天就要出去了，有什么打算呢？

你好，我们是川小戒

绘画、写家书、剪纸等特色课程都是几种常见的教育矫治形式，可以引导戒毒人员提升自身修养、维持平和心境，正确认识自我，提升教育戒治效果。

美好的梦想，会因沾染毒品而被无情断送，让本该璀璨的人生变得暗淡，让我们一起努力，为梦想筑牢禁毒"防火墙"！

四川戒毒

"黄丝带"飘扬

刚入戒毒所的阿泰沉默寡言、心不在焉，
戒治积极性不高。

经过摸排，川小戒得知阿泰一家生活极其困难，
女儿依依也面临辍学的问题。

阿泰回归社会后，
在工作站民警的关心关爱、帮扶指导下表现良好，
还成为"爱之家"工作站禁毒防艾宣传志愿者。

然而，毒品早已将阿泰的身体摧毁。
没过多久他就因病去世，留下妻子和三个年幼的孩子，
家庭再次陷入困顿。

依依背着弟弟，正在地里干活，突然听到有人在喊她。

依依，根据"黄丝带帮教"工作安排，我们过来看看有什么我们能做的。

谢谢警察叔叔，我自己能行的。

不容拒绝，川小戒俯下身子帮忙干活。依依百感交集，感动地流下泪水。

忙完农活一起回家后，川小戒给依依送上学习用品，还辅导她做作业，解决学习上的疑难问题。

叔叔，这里我不太看得懂。

这是一道几何题，解法有两种……

叔叔，我们已经开学了，上次期末考试我全班第三名。

在大家的帮助下依依学习很努力，学习成绩一直名列前茅。

祝贺你，这学期继续加油！